Dragsters

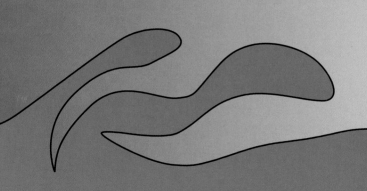

J. Poolos

TRADUCCIÓN AL ESPAÑOL:
Eduardo Alamán

PowerKiDS press. & **Editorial Buenas Letras**™

New York

Published in 2008 by The Rosen Publishing Group, Inc.
29 East 21st Street, New York, NY 10010

First Edition

Editor: Amelie von Zumbusch
Book Design: Greg Tucker
Photo Researcher: Nicole Pristash

Photo Credits: Cover, pp. 7, 11, 13, 15, 19 © Getty Images; pp. 5, 9, 17, 21 © Shutterstock.com.

Cataloging Data

Poolos, Jamie.
    Dragsters / J. Poolos; traducción al español: Eduardo Alamán. — 1st ed.
        p. cm. — (Wild rides—Autos de locura)
    Includes bibliographical references and index.
    ISBN-13: 978-1-4042-7637-6 (library binding)
    ISBN-10: 1-4042-7637-8 (library binding)
    1. Dragsters—Juvenile literature. 2. Drag racing—Juvenile literature. 3. Spanish language materials I. Title.

Manufactured in the United States of America

Web Sites

Due to the changing nature of Internet links, PowerKids Press and Editorial Buenas Letras have developed an online list of Web sites related to the subject of this book. This site is updated regularly. Please use this link to access the list: www.powerkidslinks.com/wild/drag/

Contents

Contenido

Dragsters are cars that are used in drag races. In a drag race, two cars or motorcycles race down a straight track to the finish line. Dragsters are built to go fast. They have big, powerful **engines** and fat back tires. Dragsters go so fast that they need **parachutes** to slow down.

Los dragsters son autos o motocicletas de carrera muy especiales. En una carrera de dragsters, dos autos o motocicletas corren en una pista recta hasta la línea de meta. Los dragsters se construyen para alcanzar gran velocidad. Los dragsters tienen **motores** muy poderosos y dos llantas traseras muy grandes. Los dragsters corren tan rápido que necesitan un **paracaídas** para frenar.

This is a top fuel dragster. These are the fastest kind of dragster.

Los top fuel dragsters, como el de esta fotografía, son los dragsters más rápidos.

5

Top fuel dragsters are long, thin cars with small, narrow front wheels. These cars have powerful engines that make more than 5,500 **horsepower**. Top fuel dragsters are the fastest of all dragsters. They rip through ¼ mile (.4 km) in 4.45 seconds and can go faster than 330 miles per hour (531 km/h)!

Los top fuel dragsters, o dragsters que usan un combustible especial, son autos largos y angostos con ruedas delanteras pequeñas. Estos autos tienen motores de más de 5,500 **caballos de fuerza.** Los top fuel dragsters son los dragsters más veloces. ¡Estos autos recorren ¼ de milla (0.4 km) en 4.45 segundos y avanzan a más de 330 millas por hora (531 km/h)!

This top fuel dragster is racing in Las Vegas, Nevada.

Este top fuel dragster corre en una carrera en Las Vegas, Nevada.

Another kind of dragster is the funny car. One way to tell funny cars and top fuel dragsters apart is that only funny cars have roofs and **windshields**. Funny cars are slower than top fuel dragsters. However, they are still fast! Funny cars can run ¼ mile (.4 km) in under 4.8 seconds. They can go up to 320 miles per hour (515 km/h).

Los funny cars son otro tipo de dragsters. Los funny cars se diferencian de los top fuel dragsters porque los funny cars tienen techo y **parabrisas.** Los funny cars no son tan rápidos como los top fuel dragsters. Pero, los funny cars también son muy rápidos. Estos autos recorren ¼ de milla (0.4 km) en 4.8 segundos y avanzan a más de 320 millas por hora (515 km/h).

Funny cars must weigh at least 2,400 pounds (1,089 kg), with the driver.

Los funny cars deben pesar al menos 2,400 libras (1,089 kg) incluyendo al piloto.

Most dragsters have engines called V6 or V8 engines that make between 120 and 5,500 horsepower. **Mechanics** sometimes change these engines to make them more powerful. Most dragster engines burn high-powered gas. Top fuel dragsters burn an **explosive** fuel called **nitromethane**, which makes the cars go extrafast.

La mayoría de los dragsters tienen motores V6 ó V8 que tienen entre 120 y 5,500 caballos de fuerza. A veces, los **mecánicos** modifican estos motores para hacerlos más poderosos. La mayoría de los motores de dragster usan gasolina de alto poder. Los top fuel dragsters usan un **explosivo** como combustible llamado **nitrometano** que los hace avanzar super rápido.

The nitromethane fuel top fuel dragsters use causes a cloud of smoke and light.

El nitrometano que usan los top fuel dragsters produce un destello y una nube de humo.

GULF WEST

11

Organized drag racing began in 1947, when racer Wally Parks helped form the Southern California Timing Association. Around this time dragsters started racing against a stopwatch. In 1951, Parks founded the National Hot Rod Association, or NHRA, to make classes and safety rules for different kinds of cars.

Las carreras organizadas de dragsters comenzaron en 1947, cuando Wally Parks ayudó a fundar la Asociación de Cronometraje del Sur de California. Por primera vez, los dragsters corrían contra reloj. En 1951, Parks fundó la NHRA, o en español, la Asociación Nacional de Hot Rods. La NHRA tenía como objetivo organizar las categorías de autos y los reglamentos de seguridad.

This early dragster raced in Rhode Island, in the 1950s.

Este dragster antiguo corría en Rhode Island, en los años cincuenta.

13

Drag races take place on a track that is either ⅛ mile (.2 km) or ¼ mile (.4 km) long. Dragsters are put into classes based on the type of car they are and how quickly they are likely to go. This way, dragsters race only against other dragsters that are about the same size and have the same kind of engine.

Las carreras de dragsters se realizan en una pista que mide ⅛ de milla (0.2 km) ó ¼ de milla (.4 km) de largo. Los dragsters se organizan en categorías con base al tipo de auto o a su velocidad. De esta manera, los dragsters compiten únicamente contra otros dragsters que tienen un tamaño y un motor similar.

Drag racers are
belted in during
a drag race.
They also wear
hats called helmets.

Los pilotos de dragsters usan
cinturones de seguridad
y cascos
durante la carrera.

15

A drag race happens in a blast of power and noise. It begins when two dragsters back into a puddle, called the waterbox, to wet their back tires. The drivers spin the tires in a **burnout** to get better **traction**. Then, the starting lights turn green and the cars are off in a roar and a cloud of smoke.

Las carreras de dragsters son una explosión de ruido y energía. Las carreras comienzan con los dragsters en un charco, llamado "caja de agua", en el que se mojan las llantas. Después, el piloto hace girar las llantas para lograr mejor **tracción**, en lo que se llama un *burnout.* Cuando la carrera comienza, los autos arrancan en medio de un estruendo y una nube de humo.

These dragsters are racing at a race called the NHRA Nationals.

Estos dragsters corren en la carrera Nacional de la NHRA.

The most famous drag racer is Don Garlits. Garlits helped make the sport safer. Dragster engines were at the car's front until 1970. That year Garlits lost half his right foot when his dragster's engine blew up. Garlits then built the first dragster with an engine in the back. Today's dragsters have engines in the back and they are safer to drive.

El más famoso piloto de dragsters es Don Garlits. Garlits ayudó a hacer las carreras más seguras. Hasta 1970, los dragsters tenían el motor al frente. Aquel año, Garlits perdió la mitad de su pie derecho cuando el motor de su dragster explotó. Entonces Garlits fabricó un dragster con el motor en la parte trasera. Hoy, todos los dragsters tienen el motor en la parte trasera, lo que los hace más seguros.

Don Garlits is known as "Big Daddy."

A Don Garlits se le conoce como "Big Daddy".

Top fuel dragsters and funny cars are not the only kinds of dragsters. There are also Pro Stock motorcycles that drag race. These motorcycles have engines that make 300 horsepower. They have long bars on them called wheelie bars, which keep them from flipping over. Pro Stock motorcycles can reach almost 200 miles per hour (322 km/h).

Los top fuel y funny cars no son los únicos tipos de dragsters. También hay motocicletas Pro Stock. Estas motocicletas tienen motores de 300 caballos de fuerza. Estas motos tienen unas barras largas, llamadas *wheelie bars,* que evitan que las motos se volteen. Estas motos pueden correr hasta 200 millas por hora (322 km/h).

Pro Stock motorcycles have bars that reach out past their back wheel.

Las motos Pro Stock tienen barras que van más allá de la llanta trasera.

21

More and more people try drag racing every year. The NHRA now has more than 35,000 drivers. Over time, dragsters have gotten faster and faster. As the race for lower times continues, look for even more powerful engines in superfast cars. Drag racing is on the move!

Las carreras de dragsters son cada día más populares. La NHRA tiene hoy más de 35,000 pilotos. Con el tiempo, los dragsters se han hecho más y más rápidos y, mientras la competencia por lograr mejores tiempos continúe, veremos motores más poderosos y autos más veloces. Es por eso que las carreras de dragsters están más vivas que nunca.

Glossary

burnout (BURN-owt) Spinning a car's back tires in water to clean and heat them.

engines (EN-jinz) Machines inside a car or airplane that make the car or airplane move.

explosive (ek-SPLOH-siv) Something that can blow up.

horsepower (HORS-pow-er) The way an engine's power is measured.

mechanics (mih-KA-niks) People who are skilled at fixing machines.

nitromethane (ny-troh-MEH-thayn) A powerful, explosive fuel burned by top fuel dragsters.

parachutes (PAR-uh-shoots) Pieces of cloth that are let out, fill with air, and slow something down.

traction (TRAK-shun) The hold a moving object has on a road.

windshields (WIND-sheeldz) Sheets of glass across the front of a car, truck, or plane.

Glosario

burnout (el) Hacer girar las llantas traseras en agua para limpiarlas y calentarlas.

caballos de fuerza (los) La manera en la que se mide el poder de un motor.

explosivo (el) Algo que puede explotar.

mecánicos (los) Personas que se especializan en arreglar motores.

motores (los) La maquinarias dentro de los automóviles o aviones que los hace avanzar.

nitrometano (el) Un poderoso explosivo que usan los top fuel dragsters como combustible.

parabrisas (los) El cristal que va al frente de la cabina de un auto, camión o avión.

paracaídas (el) Un objeto de tela que, al llenarse de aire, detiene o desacelera algo.

tracción (la) El agarre que tiene en el camino un objeto en movimiento.

Index

Índice